Kavafi
70 PESAMA

REČ I MISAO
KNJIGA 537

Urednik
JOVICA AĆIN

Izbor i pogovor
IVAN GAĐANSKI

Sa grčkog preveli
IVAN GAĐANSKI i
KSENIJA MARICKI GAĐANSKI

KAVAFI

70
PESAMA

IZDAVAČKO PREDUZEĆE „RAD"
BEOGRAD

GRAD

Kažeš: „Poći ću u neku drugu zemlju, poći ću do drugog
    mora.
Naći će se drugi grad bolji od ovog.
Svaki moj napor je ovde proklet, osuđen;.
i srce mi je – kao leš – pokopano.
Dokle će mi um ostati u ovoj tmini.
Kud god da skrenem pogled, kud god da pogledam,
crne ruševine svog života spazim, ovde,
gde sam proveo tolike godine, proćerdao ih i upropastio.“

Nove zemlje nećeš naći, nećeš pronaći druga mora.
Ovaj grad će te pratiti. Ulicama ćeš se kretati
istim. U istom ćeš susedstvu ostariti:
u istim ćeš kućama osedeti.
Uvek ćeš u ovaj grad stizati. Da nekud drugde odeš – ne
    nadaj se –
nema za tebe broda, nema puta.
Kao što si svoj život ovde proćerdao, u ovom tako malom
    kutu,
straćio si ga i na celoj kugli zemaljskoj.

SATRAPIJA

Kakva nesreća, a stvoren si
za lepa i velika dela;
ta tvoja nepravična sudba svagda
da ti uskraćuje podsticaj i uspeh,
da te ometaju obične navike,
i tričarije i ravnodušnost.
I kako je užasan dan kada popuštaš
(dan kad odustaješ i kad popuštaš)
i kada krećeš peške ka Susi
i kada stižeš kod kralja Artakserksa
koji te milostivo prima na svoj dvor
i daje ti satrapije i slično.
A ti to prihvataš beznadežno,
sve te stvari koje ne želiš.
Za drugim plače tvoja duša, drugo bi htela:
odobravanje naroda i mudraca,
teško i neprocenjivo bravo;
Agoru, Pozorište, Lovorove vence.
Kako da ti to da Artakserks,
kako da sve to nađeš u satrapiji,
a bez toga kakav ćeš život provesti.

A MUDRACI ONO ŠTO ĆE SE UPRAVO DOGODITI

Bogovi vide budućnost, ljudi sadašnjost,
a mudraci ono što će se upravo dogoditi.

Filostrat, *O Apoloniju iz Tijane*, 8, 7

Ljudi znaju šta se sada događa,
Budućnost znaju bogovi,
jer jedino njima pripada sva svetlost.
Od budućnosti mudraci shvataju
ono što će se upravo dogoditi.
Sluh im se katkad,

dok su duboko zamišljeni,
uznemiri. Tajni zvuk
događaja što nailaze dopire do njih.
Oni ga slušaju s obožavanjem, dok napolju
na ulici narod ništa ne čuje.

MARTOVSKE IDE

Veličine i sjaja treba da se bojiš, dušo.
A častoljublje svoje ako ne možeš
da nadvladaš, da ga slediš oprezno i
uzdržano. I što više uznapreduješ,
toliko opreznija, pažljivija da budeš.

A kad budeš stigla na vrh, kao Cezar, najzad;
kad uzmeš ulogu tako čuvene ličnosti,
onda posebno pazi kada izlaziš na ulicu –
tako upadljiv moćnik sa pratnjom;
i ako se desi da ti iz gomile
priđe neki Artemidor noseći pismo,
saopštavajući žurno „Pročitaj odmah ovo,
reč je o krupnim stvarima važnim za tebe",
ni slučajno nemoj da se ne zaustaviš; ni slučajno
      nemoj
dati prednost nekom razgovoru ili poslu; ni slučajno
      se nemoj
zadržati s onima što te pozdravljaju i padaju ničice
(ostavi to za posle); neka pričeka još
i sam Senat, a ti se odmah upoznaj
s ozbiljnom porukom iz Artemidorova pisma.

BOG NAPUŠTA ANTONIJA

Kad se iznenada, u ponoć, začuje
kako prolazi nevidljiva povorka
sa sjajnom muzikom i glasnom pesmom –
svoju sudbu što te izdala, svoja dela
što nisu uspela, svoje životne planove
što su svi omanuli – nemoj beskorisno oplakivati.
Kao da si spreman godinama, kao junak,
uputi joj pozdrav, Aleksandriji koja odlazi.
A povrh svega, nemoj se zavaravati, ne reci kako je
to bio san, kako te je sluh prevario:
nemoj se spuštati na tako zaludne nade.
Kao da si spreman godinama, kao junak,
kao što tebi odgovara što si bio dostojan takvog
    jednog grada,
odlučno priđi prozoru
i slušaj s uzbuđenjem, ali ne
preklinjući i tužeći poput kukavice,
kao svoje poslednje zadovoljstvo slušaj zvuke,
sjajne instrumente tajnovite družbe,
i uputi joj pozdrav, toj Aleksandriji koju gubiš.

TEODOT

Ako stvarno spadaš među odabrane,
pazi kako svoju moć stičeš.
Koliko god da te slave, tvoje podvige
u Italiji i u Tesaliji
koliko god da gradovi obznanjuju,
kakve god da su počasne odluke
u Rimu doneli tvoji obožavaoci,
ni tvoja radost, ni tvoj trijumf neće ostati,
niti ćeš se osećati kao uzvišen – po čemu uzvišen? –
   čovek,
kada ti u Aleksandriji Teodot donese,
na okrvavljenoj činiji,
jadnoga Pompeja glavu.

I ne računaj na to da u tvom životu,
određenom, uređenom, i prozaičnom,
ništa nije tako spektakularno i strašno.
Možda u ovom trenutku u urednu kuću
nekoga tvoga suseda ulazi –
nevidljiv, bestelesan – Teodot,
noseći jednu takvu užasnu glavu.

DOSADA

Jedan dosadan dan prati drugi
podjednako dosadan. Dogodiće se
iste stvari, događaće se stalno –
isti su trenuci koji stižu i koji odlaze.

Prođe mesec dana i donese drugi mesec.
Ono što dolazi, lako je pogoditi:
to je ono od juče, tegobno, mučno.
I sutra prestaje da liči na sutra.

ITAKA

Kada se spremiš prema Itaci da pođeš,
treba da zaželiš da putovanje bude dugo,
pustolovina puno, puno saznanja.

Lestrigonaca, zatim Kiklopa,
razljućenog se Posejdona ne boj,
na takve nikad nećeš naići
dokle god ti je misao otmena, dokle god se fina
osećanja dotiču tvoga duha, tvoga tela.

Lestrigonce, zatim Kiklope,
Posejdona divljeg nećeš sresti
ukoliko ih u svojoj duši ne skrivaš
i ukoliko ih tvoja duša ne stavi pred tebe.

Treba da zaželiš da putovanje bude dugo.
I mnogo letnjih jutara da bude
kada ćeš – s kojom li radosti, sa zahvalnošću! –
ući u luke, prvi put viđene,
da zastaneš pred trgovinama feničkim
i da se snabdeš prekrasnim stvarima:
sedefom i koralom, ćilibarom, slonovačom,
i teškim mirisima svake vrste,
koliko god više možeš raskošnih teških mirisa;
u egipatske gradove mnoge da pođeš,
da učiš i da učiš od mudraca.

A na umu uvek da ti Itaka bude.
Da tamo stigneš, predodređeno je tebi.
Ali uopšte nemoj da ubrzavaš putovanje.

Bolje neka godine mnoge traju
i na ostrvo da već kao starac stigneš,
obogaćen onim što si uz put stekao,
ne očekujući da ti Itaka pruži bogatstvo.

Itaka ti je dala divno putovanje.
Da nema nje, ne bi ni pošao na put.
Ali nema ništa više da ti da.

I ako je nađeš siromašnu, Itaka te nije prevarila.
Tako si mudar postao, s tolikim iskustvom,
pa ćeš razumeti već šta to Itake znače.

ONO ŠTO MOŽEŠ

Ako baš ne možeš od svog života da učiniš ono što
   hoćeš,
pokušaj bar da postigneš
ono što možeš: ne unižavaj ga
prečestim druženjem sa svetom,
silnim izlascima i razgovorima.

Ne unižavaj ga razbacivanjem,
čestim razvlačenjem i izlaganjem
svakodnevnoj gluposti
veza i susreta
da ne postane dosadan kao da je tuđ.

TROJANCI

Naša su nastojanja napori nesrećnika;
naša su nastojanja kao u Trojanaca.
Malo postignemo, malo
dođemo sebi; opet počinjemo
da stičemo hrabrost, puni nade.

Ali uvek nešto iskrsne i zaustavi nas.
Ahilej se pojavi u šancu ispred nas
i prestraši nas gromkim povicima. –

Naša su nastojanja kao u Trojanaca.
Verujemo da ćemo odlučnošću i smelošću
promeniti kob usuda,
i izlećemo da se borimo.

Ali kad dođe do velike nevolje,
smelost i odlučnost nas napuštaju;
duša nam se izmuči i skameni;
oko zidova jurimo na sve strane
pokušavajući da se spasemo bekstvom.

Ipak je naš pad siguran. Gore,
na zidinama počelo se već sa tužbalicom.
Na naše dane uspomene i osećanja oplakuju.
Nas gorko Prijam i Hekaba oplakuju.

KRALJ DEMETRIJE

Ne kao kralj, već kao glumac, uzeo je
sivu hlamidu umesto one tragičke i
krišom otišao.

Plutarh, *Biografija Demetrijeva*

Kad su ga Makedonci napustili
i pokazali mu da daju prednost Piru,
kralj Demetrije (bio je široke
duše) uopšte se – kako rekoše -
nije poneo kraljevski.
Poskidao je sve svoje ljudske haljine,
i odbacio svoju obuću
svu u porfiru. Prostu odeću
navuče brzo i šmugnu.
Postupi tako slično glumcu
koji posle završene predstave
presvlači kostim i odlazi.

PRATNJA DIONISOVA

Majstor Damon (drugog veštijeg
na Peloponezu nema) od parskog
mermera pratnju
Dionisovu vaja.
Bog u svojoj blistavoj slavi napred,
energičnog koraka.
Akrat pozadi. Pored Akrata,
Meta toči satirima vino
iz amfore ovenčane bršljanom.
Sasvim uz njih Hediojnos, nežni,
napola zatvorenih očiju, pospan.
A za njima dolaze pevači
Molpo i Hedimenes, i Kom koji ne dopušta
da se ikad ugasi uzvišena
baklja povorke koju on čuva; i, najuzivišenija, Teleta. –
Sve ovo pravi Damon. A pored toga,
njegov mozak s vremena na vreme računa
šta će mu za to platiti sirakuški
kralj, tri talanta, lepa suma.
S njegovim ostalim novcem i s ovim
kad stigne, kao bogataš će sjajno živeti,
i moći će da se bavi politikom – koja radost! –
i on u veću, i on na agori.

NEZADOVOLJSTVO SELEUKOVOG SINA

Oneraspoložio se Seleukov sin
Demetrije kad je saznao da je u Italiju
stigao jedan Ptolemaj u tako lošem stanju.
Samo sa tri ili četiri roba;
loše odeven i peške. Tako će dakle
postati predmet ironije i igre, u Rimu,
ljudi njihova roda. Kako su u osnovi postali
svojevrsne sluge Rimljana
to zna Seleukid, kako oni koji im daju
i oni koji im uzimaju presto
proizvoljno, kako hoće, on to zna.
Ali bar u svome izgledu
da sačuvaju neku veličanstvenost;
da ne zaborave da su oni još kraljevi,
koji se (nažalost) još zovu kraljevi.

Zbog toga se naljutio Seleukid
Demetrije; i odmah ponudi Ptolemaju
odeću svu u porfiru, sjajnu dijademu,
skupocene dijamante, brojne
sluge i pratilje, svoje najskupocenije konje,
da se predstavi u Rimu kako valja,
kao grčki monarh iz Aleksandrije.

Ali Lagid, koji je došao da moli,
znao je dobro svoj zadatak i sve je odbio;
uopšte mu nije bio potreban taj luksuz.

U staroj odeći, ponizno je ušao u Rim,
i odseo u kući sitnog zanatlije.
Zatim se predstavio kao zlosrećnik
i kao siromašak u Senatu,
da bi sa više uspeha prosio.

OROFERN

Taj čiji lik na novcu od četiri drahme
ima izgled kao da se smeši,
taj lepi, produhovljeni lik –
Orofern je, sin Arijaratov.

Još kao dete su ga odveli iz Kapadokije,
iz velikoga očinskog dvora,
i poslali ga da odraste u Joniji
i da ga među strancima zaborave.

O divne noći u Joniji
kad je bez straha, na sasvim grčki način,
doživeo punoću uživanja.
U srcu svom, Azijat uvek;
ali po držanju, po govoru – Grk,
s tirkiznim ukrasima, odeven po grčki,
telo mu namirisano jasminovim uljem,
među lepim jonskim mladićima
on je najlepši, najsavršeniji.

Onda, kad su Sirijci u Kapadokiju
prodrli i postavili ga za kralja,
silovito se predao vladanju
uživajući svakog dana na nov način,
pohlepno gomilajući srebro i zlato,
radosno i hvalisavo
gledajući kako svetlucaju hrpe blaga.

Što se tiče brige za zemlju, za upravu –
nije uopšte znao ni šta se zbiva.

Kapadokijci su ga brzo zbacili:
spao je opet na Siriju, da se na dvoru
Demetrijevu zabavlja i lenstvuje.

Jednoga dana ipak njegovu sveobuhvatnu dokolicu
prekinu neobične misli:
prisetio se kako je po svojoj majci Antiohidi
i po onoj starici Stratoniki
i sam pripadao lozi sirijskih kraljeva
i bio tako reći Seleukid.
Za kraće vreme ostavi razvrat i pijanstvo,
pa nespretno, skoro ošamućen,
pokuša nešto da spletkari,
nešto da postigne, neki plan da izvede,
ali bedno propade i na tome se svrši.

Biće da je njegov kraj negde opisan i zagubljen;
a možda je istorija prešla preko toga
i, sasvim ispravno, takav beznačajan
događaj nije se udostojila ni da zabeleži.

A taj čiji je lik na novcu od četiri drahme
sačuvao šarm njegove divne mladosti,
zračenje njegove poetične lepote,
čulnu uspomenu na mladića iz Jonije –
Orofern je, sin Arijaratov.

ALEKSANDRIJSKI KRALJEVI

Okupili su se Aleksandrinci
da vide Kleopatrinu decu,
Cezariona i njegovu mlađu braću,
Aleksandra i Ptolemaja, koje
prvi put izvode u javnost, na stadion,
da ih tamo proglase kraljevima
na sjajnoj vojnoj paradi.

Aleksandra su nazvali kraljem
Jermenije, Medije i Parćana.
Ptolemaja su nazvali kraljem
Kilikije, Sirije i Fenikije.
Cezarion je stajao malo napred,
odeven u ružičastu svilu,
na grudima mu veza zumbula,
pojas mu dvostruka niska ametista i safira,
sandale vezane belim trakama
izvezenim ružičastim biserima.
Njemu su odredili više nego mlađoj braći,
nazvali su ga kraljem kraljeva.

Aleksandrinci su naravno osećali
da su to bile reči kao u pozorištu.

Ali dan je bio vruć i zanosan,
nebo blistavo plavetnilo,
aleksandrijski stadion pravi

trijumf umetničkog rada,
izuzetna raskoš dvorjana,
a Cezarion sama ljupkost i lepota
(sin Kleopatrin, krv lagidska);
pa su Aleksandrinci pohitali na svečanost,
oduševili se i počeli klicati
na grčkom, egipatskom, poneki na jevrejskom,
očarani lepotom prizora –
jedino što su naravno znali koliko je sve to vredelo,
koliko su prazne reči bile te kraljevine.

FILHELEN

Pobrini se da gravura bude urađena umetnički.
Izraz ozbiljan i dostojanstven.
Dijadema bolje da je uska:
one široke, parćanske, ne sviđaju mi se.
Natpis, kao inače, na grčkom:
ne preteran, ni visokoparan –
da ga ne protumači pogrešno prokonzul
koji stalno nešto čačka i dojavljuje Rimu –
ali, svakako, ipak da izražava počast.
Nešto vrlo posebno sa druge strane:
neki divni mladi diskobol.
Naročito te pozivam da paziš
(Sitaspe, zaboga, da se ovo ne zaboravi)
da se posle Kralj i Spasilac,
elegantnim slovima ureže: Filhelen.
A sad, ne počinji mi svojim mudrovanjem
kao „Gde su Grci?" i „Otkuda grčki
ovde iza Zagra, s druge strane Frasta".
Toliko je drugih koji su od nas veći barbari
i to pišu, pa ćemo tako napisati i mi.
I napokon, nemoj zaboraviti da nam ponekad
dolaze sofisti iz Sirije,
i stihoklepci, i druge sveznalice.
Dakle, nismo negrčki, verujem.

KORACI

Na krevetu od abonosa, ukrašenom
koralnim orlovima, u dubokom snu je
Neron – nesvestan, miran i srećan;
u punoj snazi svog robusnog tela,
i u divnom žaru svoje mladosti.

Ali u sali od alabastra u kojoj je
drevni lararijum Ahenobarba
kako su nemirni njegovi Lari!
Drhte mali kućni bogovi,
nastojeći da skriju svoja slabašna tela.
Jer su oni čuli neku zlokobnu buku,
samrtnu buku kako se diže stepeništem,
gvozdene korake koji potresaju stepenice.
I sad jadni Lari, skoro onesvesli,
guraju se u dubinu lararija,
jedan se preko drugog trpa i spotiče,
jedan maleni bog na drugog pada,
jer su oni shvatili kakva je to bila buka,
i već raspoznaju korake Erinija.

HEROD ATIK

A kakva je ta slava, slava Heroda Atika.

Aleksandar iz Seleukije, jedan naš sjajni sofist,
stigavši u Atinu da održi govor,
grad nalazi prazan, zato što je Herod
bio na selu. I omladina
sva ga je sledila tamo da ga čuje.
Onda sofist Aleksandar
napiše Herodu pismo
i zamoli ga da vrati Grke.
A vešti Herod odgovori odmah,
„Zajedno s Grcima dolazim i ja."

Koliko mladića u Aleksandriji sada,
u Antiohiji ili u Bejrutu
(njegovi sutrašnji govornici koje sebi priprema helenstvo),
kad se okupe za odabranom trpezom
gde se nekad razgovara o sjajnim temama sofista,
a nekad o njihovim uzbudljivim ljubavnim aferama,
iznenada rasejano zaćuti.
Svoje čaše, netaknute, ostavljaju kraj sebe,
i razmišljaju o Herodovoj sreći –
koji je drugi sofist tako počastvovan? –
što god da želi, što god da čini
Grci (Grci!) ga slede,
bez prosuđivanja i bez raspravljanja,
bez dvoumljenja sasvim, samo ga slede.

TIJANSKI VAJAR

Kao što će biti da ste čuli, ja nisam početnik.
Poprilično kamena prolazi kroz moje ruke.
U mom zavičaju, u Tijanu, dobro me
znaju; i ovde mnoge su mi statue
naručili senatori.

                 I da vam pokažem
odmah nekoliko. Obratite pažnju na ovu Reu:
dostojna poštovanja, jako uzdržana, prastara.
Obratite pažnju na Pompeja. Marije,
Emilije Paulo, Skipion Afrikanac.
Potpuno liče na njih, koliko god sam uspeo.
Patrokle (malo ću ga doterati).
Blizu onih blokova
žućkastoga mermera je Cezarion.

A sada se dosta dugo bavim
izradom jednog Posejdona. Proučavam
naročito njegove konje, kako da njih napravim.
Treba tako laki da budu
da njihova tela, njihove noge jasno pokazuju
kako ne gaze po zemlji, već jure po vodi.

A evo mog najomiljenijeg dela
u čiju sam se izradu uživeo s velikom pažnjom;
njega sam, jednoga vrelog letnjeg dana
dok mi je um stremio ka idealnom,
odsanjao, ovoga ovde mladog Hermesa.

GROB GRAMATIČARA LISIJE

Sasvim blizu kad uđeš, desno od vrata, u biblioteci
u Bejrutu sahranili smo mudroga Lisiju,
gramatičara. To mesto odlično odgovara.
Stavili smo ga pokraj svega onoga čega se možda
seća i tamo – beleški, tekstova, analiza,
spisa, celih tomova tumačenja grčkog jezika.
A uz to, mi ćemo paziti i misliti
na njegov grob kad god pođemo do knjiga.

TO JE PRAVI ČOVEK

Nepoznati – stranac u Antiohiji – iz Edese
piše mnogo. I evo, na kraju, nastala je
njegova poslednja, pogrebna pesma. Sa njom osamdeset
tri

pesme ukupno. Ipak, pesnika je
zamorilo toliko pisanje, toliki stihovi,
i toliki napor u frazeologiji na grčkom,
i sada mu sve pada teško.

Ali ga jedna misao, iznenada, njegove utučenosti
oslobađa – ono sjajno „To je pravi čovek",
što je nekad u svom snu čuo Lukijan.

OPASNO

Reče Mirtija (sirijski student
u Aleksandriji, za vreme vlade
careva Konstanta i Konstantija;
jednim delom pagan, drugim hrišćanin):
„Ojačan principima i učenjem,
svojih se strasti neću bojati kao kukavica.
Prepustiću telo uživanjima,
svim onim zadovoljstvima iz snova,
najsmelijim ljubavnim željama,
neobuzdanim porivima krvi, bez
i najmanjeg straha, jer čim mi se pojavi želja –
a ona će se pojaviti, ojačan,
kao što ću biti principima i učenjem –
u tim presudnim trenucima opet ću naći
da mi je duh, kao i ranije, asketski."

MANOJLO KOMNIN

Gospodar kralj Manojlo Komnin
jednog sumornog septembarskog dana
oseti da mu je smrt blizu. Dvorski
astrolozi (oni plaćeni) uporno su ponavljali
da je pred njim još mnogo godina.
Ali dok oni tako govore, on se
priseti starih pobožnih običaja
i zapovedi da se iz kaluđerskih ćelija
donesu crkvene odežde,
da ih na sebe stavi, sav srećan
što izgleda smerno kao sveštenik ili kaluđer.

Blaženi su oni koji sačuvaju veru
i kao gospodar kralj Manojlo završe život
odeveni smerno svojom verom.

U CRKVI

Crkvu volim – njene šestokrilne heruvime,
srebro sasuda, njene svećnjake,
svetlosti, njene ikone, njen amvon.

Kad tamo uđem, u crkvu Grka,
s miomirisima njenog tamjana,
s liturgijskim glasovima i horovima,
s uzvišenom pojavom sveštenika,
i svečanim ritmom svakog njihovog pokreta –
tako su sjajni s ukrasima na svojoj odeždi –
um im odlazi do velikih časti našeg roda,
našeg slavnog vizantinizma.

VRLO RETKO

On je starac. Iscrpen i poguren,
osakaćen godinama i zloupotrebama,
korača polako i prelazi uličicu.
A ipak kad dođe svojoj kući da sakrije
svoju bedu i svoju starost, razmatra
svoj udeo koji još ima kod omladine.

Mladići sada govore njegove stihove.
Pred očima su im njegove vizije.
Njihov zdravi čulni mozak,
njihova skladna i čvrsta tela
trepere njegovim shvatanjem lepote.

U RADNJI

Zamotao ih je pažljivo, uredno
u skupocenu zelenu svilu.

Ruže od rubina, biserne ljiljane,
ljubičice od ametista. Kako ih sam ceni,

po svojoj volji i shvatanju lepog: ne kako ih je video
u prirodi ili proučio. Ostaviće ih u kasu,

dokaz svog smelog, majstorskog rada.
Kad u radnju uđe kakav kupac,

on za prodaju iznosi drugo – prvoklasni nakit –
narukvice, lančiće, ogrlice, prstenje.

NASLIKANO

Svoj rad pazim i volim.
Ali me sporost izrade danas obeshrabruje.
Dan mi je teško pao. Izgled mu je
sve mračniji. Stalno duva vetar i pada kiša.
Više želim da gledam nego da govorim.
Na ovoj slici vidim sada
divnoga dečaka koji pored česme
leži, biće da je umoran od trčanja.
Kakvo divno dete; kakvo divno podne ga je
smirilo da se već preda snu. –
Sedim i gledam tako jako dugo.
I ponovo se u umetnosti odmaram od nje.

MORE UJUTRU

Da stanem ovde. Malo i ja da vidim prirodu,
sjajno plavetnilo jutarnjeg mora
i vedrog neba i žutu obalu; sve
divno, sasvim obasjano.

Da stanem ovde. Da se zavaravam kako to vidim
(spazio sam sve to doista čim sam zastao);
a ne i ovde ove svoje sanjarije,
svoja sećanja i slike uživanja.

JONSKA

Zato što smo razbili njihove kipove,
zato što smo ih prognali iz njihovih hramova,
uopšte nisu zato umrli bogovi.
O zemljo Jonijo, još tebe vole,
još se tebe sećaju njihove duše.
Kada nad tobom osvane avgustovsko jutro,
tvojim vazduhom prolazi plamen njihovog života;
i ponekad jedan eteričan lik mladića,
neodređen, brzog koraka,
prelazi preko tvojih brežuljaka.

OD DEVET SATI –

Dvanaest i trideset. Brzo je prošlo vreme
od devet kad sam upalio lampu,
i seo ovde. Sedeo sam ne čitajući,
i ne govoreći. Sa kim da razgovaram,
potpuno sam u ovoj kući.

Slika mog mladog tela,
otkad sam u devet upalio lampu,
pronašla me je ovde da me podseti
na zatvorene sobe pune mirisa,
na uživanje iz prošlosti – kakvo drsko uživanje!
I takođe mi je pred oči iznela
ulice koje sad više ne prepoznajem,
prepune lokale koji više ne rade,
i pozorišta i kafane što su nekad postojale.

Slika mog mladog tela dođe
donoseći oči i tužne uspomene;
žalost u porodici, rastanci,
osećanja mojih rođaka, osećanja
pomrlih koja se tako malo poštuju.

Dvanaest i trideset. Kako je prošlo vreme.
Dvanaest i trideset. Kako su prošle godine.

POSLANICI IZ ALEKSANDRIJE

Nisu viđeni, vekovima, tako divni darovi u Delfima
kao ovi što su ih poslala ta dvojica, braća,
dva suparnička kralja Ptolemaja. Ali čim su ih primili,
sveštenici se uznemiriše oko proročanstva. Sve njihovo
    iskustvo
biće im neophodno da ga dovoljno oprezno sastave;
koji će od dvojice, koji će od takve dvojice ostati
    nezadovoljan.
I sastaju se noću u tajnosti
da ispitaju domaće prilike Lagida.

Poslanici se, međutim, vraćaju. Opraštaju se.
Polaze nazad u Aleksandriju, kažu. I ne traže
nikakvo proročanstvo. Sveštenici ih saslušaju s radošću
(jasno je da će zadržati sjajne darove),
ali su i u krajnjoj nedoumici,
ne shvataju šta ova iznenadna ravnodušnost znači.
Ne znaju oni da su juče poslanicima stigle teške vesti.
U Rimu je dato proroštvo: tamo je izvršena podela.

ARISTOBUL

Plače dvor, kralj plače,
neutešno jadikuje kralj Irod,
ceo grad oplakuje Aristobula
koji se tako glupo, igrajući se
s prijateljima u vodi, slučajno utopio.

I kad se to dozna na drugim mestima,
kad vest dospe do Sirije,
mnogi će se i Grci rastužiti;
biće i pesnika i vajara da ga žale,
jer se i među njima raščuo Aristobul,
a ni u njihovoj mašti nikad nije bilo
takve lepote kao u ovog mladića,
niti je Antiohija zaslužila božji kip
kao što je ovo čedo Izrailja.

Jadikuje i plače glavna princeza,
njegova mati – prva Jevrejka.
Jadikuje i plače Aleksandra nad nesrećom. –
Ali kad se obrela sama, njen se jad promeni:
jeca, besni, kune i proklinje.
Kako su je prevarili! Kako su je obmanuli!
Kako se na kraju *dogodilo* po njihovom!
Uništili su kuću hazmonejsku.
Kako je to izveo onaj zločinac kralj,
onaj opaki spletkar i hulja.
Kako je to samo izveo! Kakav pakleni plan
kad ni Mirijam ništa nije osetila.

Da je samo Mirijam osetila, da je naslutila,
našla bi ona već načina da spase svog brata;
na kraju – ona je kraljica, mogla bi nešto da učini.
Kako će sad likovati i potajno se radovati
one dve pakosnice, Kipro i Saloma,
one dve pokvarene žene, Kipro i Saloma. –
A da bude tako nemoćna, prinuđena
da se pretvara kako veruje u njihove laži;
da ne može da izađe pred narod,
da izađe·i da vikne Jevrejima,
i da im kaže, da im kaže kako se to ubistvo dogodilo.

CEZARION

Donekle da proverim neki podatak,
donekle da utučem koji sat,
prošle noći sam uzeo da čitam
zbirku natpisa o Ptolemajima.
Silne pohvale i laskanja
za svakog od njih su slične. Svi su sjajni,
slavni, moćni, milostivi;
sve što preduzmu je najmudrije.
A što se tiče žena ovog roda, i one su,
sve te Berenike i Kleopatre su čudesne.

Kad sam uspeo da proverim taj podatak
ostavio bih knjigu da mi jedna beleška,
usputna i nevažna, o kralju Cezarionu
nije smesta privukla pažnju...

Ah, evo te, stojiš tu sa svojim neobjašnjivim
šarmom. U istoriji jedva da
nekoliko redaka ima o tebi,
i tako sam te sa više slobode zamislio.
Zamislio sam te kao divnog i osećajnog.
Moja umetnost tvom liku daje
sanjivu lepotu i privlačnost.
I toliko sam živo maštao o tebi,
da sam kasno prošle noći, kad mi se ugasila
lampa – a namerno sam pustio da se ugasi –
poverovao da ulaziš u moju sobu,

učinilo mi se da si se zaustavio ispred mene: onakav
kakav si bio u osvojenoj Aleksandriji,
bled i umoran, savršen u svom bolu,
još se nadajući da će se na tebe sažaliti
pokvarena masa – koja šuška da je „Previše Cezara".

ROK ZA NERONA

Nimalo se nije uznemirio Neron
kada je dobio odgovor Delfijskog proročišta:
„Neka se čuva godine sedamdeset treće.“
Još je ostalo vremena za uživanja.
Sad mu je trideset. Sasvim je dovoljan
rok što mu je bog odredio
da se pripremi za buduće opasnosti.

Sad će se vratiti u Rim malo umoran,
ali prijatno umoran od novog putovanja
ispunjenog uživanjima do poslednjeg trena:
pozorišta, parkovi, stadioni ...
noći tih gradova u Ahaji ...
A pre svega – slast obnaženih tela ...

Neron tako. A u Španiji tajno
okuplja i priprema svoju vojsku Galba,
starac kome je sedamdeset tri godine.

ZA AMONA, KOJI JE UMRO
SA 29 GODINA, 610.

Rafaele, nekoliko stihova traže
za epitaf pesnika Amona da sastaviš.
Nešto jako elegantno i uglađeno. Ti to možeš,
sposoban si da napišeš kao što dolikuje
za pesnika Amona, našeg pesnika.

Svakako ćeš govoriti o njegovim pesmama –
ali reci i o njegovoj lepoti,
o njegovoj nežnoj lepoti koju smo voleli.

Tvoj grčki je uvek sjajan i muzikalan.
Ipak sada upotrebi sve svoje majstorstvo.
U strani jezik tuga naša i ljubav prelaze.
Svoje egipatsko osećanje ulij u strani jezik.

Rafaele, stihovi koje napišeš nek budu takvi
da imaju, znaš, nešto od našeg života,
da ritam i svaki izraz pokažu
da Aleksandrinac piše o Aleksandrincu.

KAD SU BUDNE

Nastoj da ih sačuvaš, pesniče,
koliko god da je malo onog što može da se zadrži.
Vizije tvoga erotizma.
Ubaci ih, prikrivene, u svoje izraze.
Nastoj da ih zadržiš, pesniče,
dok su budne u tvome mozgu
noću, ili u bleštavilu podneva.

SVEĆE

Dani budućnosti stoje pred nama
kao red zapaljenih svećica –
zlatnih, toplih i živahnih svećica.

Prošli dani ostaju iza,
žalosni niz ugašenih sveća;
iz najbližih se još izvija dim,
hladne sveće, istopljene i savijene.

Ne želim da ih vidim; rastužuje me njihov izgled
i rastužuje me da se setim njihovog prvog svetla.
Gledam unapred, u moje zapaljene sveće.

Ne želim da se okrenem, da ne bih s užasom video
kako se brzo tamni niz povećava,
kako se brzo množe ugašene sveće.

STARAC

U jednom delu unutra u bučnoj kafani
pognut nad stolom sedi jedan starac:
s novinama ispred sebe, bez društva.

I sa prezirom prema bednoj starosti
razmišlja kako se malo radovao godinama
kada je imao i snagu, i rečitost, i lepotu.

Zna da je ostario jako; to oseća, to vidi.
A ipak ono vreme kad je bio mlad izgleda mu
kao juče. Kako kratak interval, kako kratak interval.

I razmatra kako ga je Mudrost prevarila;
a on, kako joj je verovao uvek – kakva ludost! –
toj lažljivici koja je govorila: „Sutra. Imaš mnogo
    vremena".

Seća se strasti koje je gušio; a koliku je
radost žrtvovao. Njegovu razboritost nerazumnu
svaka izgubljena prilika sada ismeva.

Ali od tako mnogog razmišljanja i prisećanja
starcu se zavrtelo u glavi. I on zaspi
na kafanski je položivši sto.

DUŠE STARACA

U njihovim starim istrošenim telima
borave duše staraca.
Kako su tužne one, sirote,
i site jadnog života koji vode.
Kako drhte da ga ne izgube i kako ga vole
te uznemirene i protivrečne
duše – groteskne i tragične –
u svojoj staroj iznošenoj koži.

PRVA STEPENICA

Teokritu se žalio
jednog dana mladi pesnik Eumen.

„Dve će godine kako pišem
a samo sam jednu idilu sastavio.
To je moje jedino celovito delo.
Visoko je, vidim, na žalost,
vrlo visoko stepenište Poezije;
a s ove prve stepenice gde sam sada
nikad se neću uspeti nesrećnik.“

Reče Teokrit:
          „Te su reči
neprilične i huljenje.
Makar i da jesi na prvoj stepenici, treba
da budeš ponosan i srećan.
To dokle si stigao – nije malo,
to što si postigao – slava je velika.
Jer već i ta prva stepenica
mnogo je od običnog sveta udaljena.
Na stepenicu tu da zakoračiš,
treba da punopravan građanin
postaneš u gradu misli.
A teško je u tome gradu
i retko biva da te prihvate za sugrađana.

Na njegovom ćeš trgu zateći zakonodavce
kojima se ne podsmeva nijedan avanturista.
To dokle si stigao – nije malo.
To što si postigao – slava je velika."

PROZORI

U ovim mračnim sobama gde provodim
teške dane, vrtim se tamo-amo
da pronađem prozore. – Kad bi se jedan prozor
otvorio – bila bi to uteha. –
Ali prozora nema, ili ja ne mogu
da ih nađem. Možda je i bolje da ih ne nađem.
Možda bi svetlost bila novo nasilje.
Ko zna kakve bi sve nove stvari obelodanila.

ZIDOVI

Nemajući obzira, sažaljenja ni stida,
ogromne su zidove izgradili svud oko mene.

I sad očajan i beznadan živim ovde.
Samo na to mislim: taj mi udes rovari po mozgu:

toliko sam poslova tamo napolju imao da obavim.
(Kako da budem toliko nepažljiv za vreme gradnje!)

Ali ni najmanji šum tih graditelja nije se čuo.
Neosetno su me odvojili od spoljnog sveta.

OČEKUJUĆI BARBARE

– Šta čekamo ovde na agori okupljeni?

Treba danas barbari da stignu.

– Zašto u senatu vlada takav nerad?
Što senatori većaju, a ne donose zakone?

Zato što će barbari danas stići.
Kakve još zakone da donesu senatori?
Barbari će ih načiniti čim stignu.

– Zašto nam je car tako poranio,
i na glavnoj kapiji grada zaseo
na presto, sav svečan, sa krunom na glavi?

Zato što će danas barbari stići.
Pa car čeka da primi
njihovog vođu. Pripremio je čak
za njega povelju na pergamentu
sa silnim titulama i počastima.

– Zašto su se naša dva konzula i pretori
pojavili u svojim crvenim togama sa vezom;
zašto su stavili narukvice s toliko ametista,
i sjajno prstenje s divnim smaragdima;
zašto su im danas u rukama skupoceni štapovi
sa čudesnim inkrustacijama u zlatu i srebru?

Zato što će danas barbari stići;
a takve stvari zasenjuju barbare.

– Zašto naših valjanih retora nema da kao uvek
saopšte svoje besede, da kažu svoju reč?

Zato što će danas barbari stići,
a njima su govori i svečane besede dosadni.

– Zašto odjednom nastade toliki nemir
i zbrka? (Kako su im lica postala ozbiljna.)
Zašto se tako brzo prazne ulice i trgovi
i svi se vraćaju kućama jako zabrinuti?

Zato što se već smrklo, a barbari nisu došli.
A neki ljudi su stigli sa granice
i rekli da barbara više nema.

Pa sad, šta ćemo bez barbara.
Oni su ipak bili neko rešenje.

SARPEDONOVA SAHRANA

Srce je Zevsovo puno tuge.
Patroklo je ubio Sarpedona.

Volju Sudbine poštovao je Bog.
Ali otac tuguje nad njegovom nesrećom.

Menojtijev sin je nepobediv.
Ahajci kao lavovi ričući,
traže leš da ga se dokopaju i da ga kao hranu
gavranima i psima bace.
Ali Zevs ne voli poniženje.
Svog omiljenog i cenjenog sina
telo neće prepustiti da se oskrnavi.

Gle, sa svojih kočija silazi
na zemlju Feb, po božanskoj zapovesti.
Leš Sarpedonov božanske njegove
ruke spasavaju, i do reke ga
nose i s poštovanjem ga umivaju.
Spira se prašina i krv usirena
i pravednoga i hrabrog heroja
pravi se izgled opet pojavljuje.
Sipa mirise ambrozije
preko tela njegovog Feb izdašno
i odeva ga u olimpijske,
besmrtne haljine. Na grudima mu
zatvori zjapeću ranu, oblik

smiren i prijatan vrati njegovim udovima.
Koža mu postaje sjajna.Ukrašen češalj
kosu mu češlja, kosu bujnu
i crnu, koju još nije oskrnavila
nijedna bela vlas.
                    Kao mladi izgleda atleta
koji se odmara – kao mladi ljubavnik
koji sanjari o radosti i ljubavi
plavih krila i nebeskih
lukova kao mlad i blažen suprug,
srećan među svim svojim vršnjacima,
da dobije divnu nimfu i bez svadbenih darova.

Ispunivši tako ovu zapovest Bog,
San i Smrt, svoju braću,
pozove, i naloži im da u prostranu
Likiju prenesu Sarpedona.

U svoje naručje očinsko i nežno
uzmu ga San i Smrt
s tugom i ljubavlju i pažljivo
da se na mrtvom liku ne poremeti
ozbiljan spokoj, da se muškoga
tela veličanstveni izgled ne ošteti.

Likijci se duboko potčiniše
Bogovima strašne bezosećajnosti,
i svoga divnog gospodara preuzeše
dah mrtav, ali sjajno obličje,
u punoj snazi, u mirisima i spokojnog.

Spomenik su mu podigli od mermera,
a na podnožju njegovom u reljefima
vešti majstori ispričaše pobede
heroja i njegove mnoge vojne pohode.

AHILEJEVI KONJI

Kad su videli da je poginuo Patroklo,
koji je bio tako hrabar, mlad i jak,
Ahilejevi konji počeli su da plaču.
Njihovu besmrtnu prirodu povredio je
prizor koji je izazvala smrt.
Trzali su glavu, tresli svojom dugom grivom,
kopitima udarali o tle, žaleći
za Patroklom, jer su videli da nije živ, da je uništen,
da je sad samo bedna put, da ga je duša ostavila,
da ne može da se brani, da je bez daha,
da se u veliko Ništa povukao iz života.

Suze besmrtnih konja opazio je Zevs
i ražalostio se. „Na Pelejevoj svadbi“,
reče, „nije trebalo da postupim tako neoprezno;
bolje bi bilo, moji nesrećni konji, da vas nikad
nismo ni dali na dar. Šta radite tamo,
kod tih jadnih ljudi dole, koji su igračka sudbine?
Vas ne čeka ni smrt ni starost,
a prolazne nesreće vas muče. U svoje nevolje
i vas su ljudi upleli.“ – Ipak su suze
zbog večite nesreće smrti
i dalje lila ova dva plemenita konja.

NA BRODU

Na njega svakako liči ovaj mali
crtež olovkom.

Načinjen na brzinu, na palubi broda;
u jedno čudesno popodne.
Pučina Jonskog mora svud oko nas.

Na njega liči. Ipak je, u mom sećanju, on bio lepši.
Bio je osetljiv do krajnje granice
i to mu je obasjavalo izraz.
Čini mi se lepšim
sad kad ga moja duša priziva iz onog doba.

Iz onog doba. A sve to jako staro –
skica, i brod, i popodne.

O DEMETRIJU SOTERU
(162–150. GODINE PRE HRISTA)

Sva njegova očekivanja bila su pogrešna!

Zamišljao je da počini slavna dela,
da okonča poniženje koje od vremena
bitke kod Magnezije pritiska njegovu otadžbinu,
da Sirija ponovo postane moćna država,
sa sopstvenom vojskom, flotom,
sa silnim tvrđavama i bogatstvom.

Patio je, postao ogorčen u Rimu,
kad bi osetio u rečima svojih prijatelja,
omladine iz čuvene loze,
pored sve finoće i uglađenosti
što su prema njemu pokazivali – prema
sinu kralja Seleuka Filopatora –
kada bi osetio kako ipak postoji potajan prezir
prema pohelenjenim dinastijama:
kako su one propale, kako nisu za ozbiljna dela,
da vode narode sasvim nepodesne.
Usamio se, postao ozlojeđen i zakleo
da uopšte neće biti tako kao što veruju;
gle, u njega je volje:
boriće se, postići će, uzdići se.

Kad bi samo našao neki način da stigne na Istok,
da uspešno umakne iz Italije –
svu bi tu snagu što ima

u duši, svu bi tu žestinu
preneo na narod.
O, samo da se domogne Sirije!
Tako je malen otišao iz otadžbine
da se jedva seća i kako izgleda.
Ali je nju uvek zamišljao
kao nešto sveto čemu prilaziš s obožavanjem,
kao pogled na divan predeo, kao viziju
grčkih gradova i pristaništa. –

A sada?
   Sada beznađe i jad.
Imaju pravo mladići u Rimu.
Nije moguće da izdrže te dinastije
uspostavljene makedonskim osvajanjem.

Ali svejedno: on sam je nastojao,
koliko god je mogao, borio se.
I u svome gorkom razočaranju
još je jedno samo o čemu misli
sa ponosom: jer, čak i u neuspehu,
on svetu pokazuje i dalje istu neukrotivu hrabrost.

A ostalo – bilo je san i zaludnost.
A i ta Sirija – skoro i ne izgleda kao njegova otadžbina,
to je zemlja Herakleida i Aleksandra Bale.

MLADIĆI IZ SIDONA
(400. GODINE POSLE HRISTA)

Glumac koga su doveli da ih zabavlja
odrecitovao je i nekoliko biranih epigrama.

Dvorana je bila otvorena prema vrtu;
i blagi miris cveća koji je ulazio spolja
mešao se sa mirisima
petorice negovanih sidonskih mladića.

Čuli su stihove Meleagra, Kinagore i Rijana.
Ali kada je glumac počeo da kazuje
„Ovde leži Ajshil iz Atine, sin Euforionov ...“
(naglašavajući možda previše
ono „slavan po hrabrosti“ i „maratonski gaj“),
naglo se diže jedan mladić, živahan,
lud za književnošću, i povika:

„Taj mi se epigram uopšte ne sviđa.
Takvi izrazi liče na malodušnost.
Svome delu, hoću da kažem, podari svu svoju snagu,
svu svoju brigu, ali opet, na to svoje delo misli
i u nevolji ili kad ti kucne poslednji čas.
To od tebe očekujem i zahtevam.
A ne da sebi iz svesti sasvim izbaciš
sjajnu reč svoje tragedije –
onog Agamemnona, onog čudesnog Prometeja,
onakve likove Oresta i Kasandre,

onu Sedmoricu protiv Tebe – i na spomenik da staviš
s a m o reči kako si se u redovima vojnika, u gomili,
borio i ti protiv Datisa i Artaferna."

DARIJE

Pesnik Fernaz jedan važan deo
svoje epske poeme upravo piše.
Onaj u kome persijsku kraljevinu
preuzima Darije Histaspov sin. (Od njega
vodi poreklo i slavni naš kralj i vladar
Mitridat – Dionis i Eupator.) Ali tu
valja biti mudar; treba da se proceni
šta je pri tom mogao osećati Darije:
možda je bio ohol i kao opijen; ipak ne –
pre će biti da je shvatao zaludnost veličine.
Duboko razmišlja o svemu ovome pesnik.

Ali ga prekida sluga koji trčeći
ulazi da javi toliko važnu vest.
Izbio je rat s Rimljanima.
Glavnina naše vojske već je prešla granice.

Pesnik je preneražen. Kakva nesreća!
Gde će sad slavni naš kralj i vladar,
Mitridat, Dionis i Eupator,
da se zanima grčkim poemama.
Usred rata, zamisli, grčkim poemama.

Muči se Fernaz. Baš je nesrećan!
I to kad je bio siguran da će se
s „Darijem" proslaviti i svoje kritičare,
one zavidne, konačno ućutkati.
Kakvo odlaganje, kakvo odlaganje njegovih planova.

A da je samo odlaganje – opet lepo.
Ali da vidimo da li smo uopšte bezbedni
u Amisu. Grad i nije naročito utvrđen.
A Rimljani su užasan neprijatelj.
Možemo li da izađemo nakraj s njima,
mi iz Kapadokije? Da li je to uopšte moguće?
Možemo li se meriti sada mi sa legijama?
O, veliki bogovi, zaštitnici Azije, pomozite nam. –

Ipak, u svem tom zlu i pometnji,
ona njegova pesnička zamisao mu se uporno vraća –
mora da je, u stvari, bio ohol i kao opijen:
da, ohol i kao opijen mora da je bio Darije.

VIZANTIJSKI ARHONT,
IZGNAN PIŠE STIHOVE

Nepromišljeni neka me zovu nepromišljenim.
U ozbiljnim stvarima uvek sam bio
najrevnosniji. I tvrdiću
da niko bolje od mene ne poznaje
Svete oce, ni Svete spise, ni Kanone Sabora.
Kad god bi se nešto dvoumio Votanijati,
kod svake teškoće u crkvenim stvarima,
pitao me je za savet, mene najpre.
Ali izgnanog ovde (nek je prokleta zloća
Irina Dukena), dosađujući se strašno,
nije uopšte neobično da se zabavljam
sastavljajući pesme sa šest i osam stihova –
da se zabavljam mitološkim sastavima
o Hermesu, i Apolonu, i Dionisu,
ili o junacima iz Tesalije ili Peleponeza;
i da sastavljam najpravilnije jambe,
kakve – dozvolićete mi da kažem – učeni ljudi
iz Carigrada ne znaju da sastave.
Možda je upravo ta tačnost razlog što me oni kude.

MELANHOLIJA JASONA KLEANDROVOG, PESNIKA U KOMAGENI, 595. GODINE POSLE HRISTA

Starenje mog tela i lica
nanosi mi ranu užasnim nožem.
Ne mogu to da izdržim uopšte.
U tebi, Umetnosti Poezije, tražim utočište,
jer ti makar malo za lek znaš;
za pokušaj da se, Maštom i Rečju, ublaži bol.

To je rana od užasnog noža.
Lekove svoje donesi, Umetnosti Poezije,
koji pomognu – za kratko – da čovek ranu ne oseća.

IZ ŠKOLE SLAVNOG FILOSOFA

Bio je učenik Amonija Sake dve godine:
ali su mu dodijali i filosofija i Saka.

Posle toga je otišao u politiku.
Ali je digao ruke od nje. Prefekt je bio budala
a svi oko njega drveni mudraci i uštogljeni bukvani:
grčki njihov – očajan, jadnici.
Radoznalost mu privuče
pomalo Crkva: da se pokrsti
i da pređe u hrišćanstvo. Ali je brzo
promenio mišljenje. Zavadio bi se sigurno
s roditeljima, do razmetljivosti paganima:
i oni bi mu odmah – o groze –
uskratili svoje vrlo velikodušno izdržavanje.

Međutim, ipak je morao da radi nešto. Poče da
posećuje
sumnjiva mesta u Aleksandriji,
sve tajne jazbine razvrata.

Sreća mu je u tome bila vrlo naklonjena:
darovala mu je divan izgled.
A on je uživao u božanskom daru.

Bar još sledećih desetak godina
ta lepota će mu potrajati. Zatim –
možda će opet otići do Sake.

A ako starac u međuvremenu umre,
otići će do nekog drugog filosofa ili sofiste:
uvek se nađe neko pogodan.

A napokon, možda će i politici
da se vrati – iz hvalevrednog sećanja
na porodične tradicije,
dužnost prema otadžbini i druge slične zvučne stvari.

IZRAĐIVAČ KRATERA

Na ovom krateru od čista srebra –
načinjenom za kuću Herakleida,
u kojoj caruje dobar ukus –
vidi – nežni cvetovi, potoci, majčina dušica,
a u samu sredinu postavio sam divnog mladića,
nagog, strasnog; još mu je u vodi
jedna noga. – Izmolio sam, uspomeno,
da u tebi nađem najboljeg pomagača ne bih li postigao
da lik voljenog mladića bude isti kao nekad.
Pokazalo se da je jako teško zato što je
petnaestak godina prošlo od onog dana
kad je on, kao vojnik, poginuo u porazu kod Magnezije.

NADGROBNI NATPIS ANTIOHA, KRALJA U KOMAGENI

Kada se, ucveljena, vratila s njegove sahrane,
sestra Antioha, za života umerenog i krotkog
i veoma učenog kralja Komagene,
požele za njega nadgrobni natpis.
I Kalistrat, mudrac iz Efesa – koji je
često boravio u državici Komageni,
i u kraljevskoj kući bio gošćen
rado i toliko puta –
sastavi natpis na predlog sirijskih dvorjana
i posla ga staroj gospođi.

„Neka se Antioha kralja dobročinitelja,
o Komagenjani, dostojno uznosi slava.
Bio je promišljen vladar zemlji,
bio je pravedan, mudar, junačan,
a još je bio i ono najbolje: Helen.
Čovečanstvo nema časnije osobine:
one iznad toga nalaze se u bogova."

OD OBOJENOG STAKLA

Veoma me uznemirava jedna sitnica
sa krunisanja Jovana Kantakuzina
i Irine, kćeri Andronika Asana, u Vlaherni.
Budući da su imali samo nekoliko pravih dragulja
(naša nesrećna država bila je strašno siromašna),
oni su uzeli veštačke. Celu pregršt staklenih komada,
crvenih, zelenih i plavih. Ničeg,
po mom shvatanju, ponižavajućeg
ni nedostojnog nema u ovim komadićima
obojenog stakla. Naprotiv, izgledaju
kao tužan protest
protiv nepravedne zle sreće carskog para.
Simbol su onoga što je njih dvoje trebalo da ima,
što je svakako bilo pravo da ima
na svom krunisanju gospodar kao Jovan Kantakuzin
i gospođa kao Irina, kći Andronika Asana.

NA ITALSKOJ OBALI

Kem Menedorov, mladi Grk iz Južne Italije,
provodi svoj život u uživanjima;
kao što obično čine svi mladići
iz Velike Grčke odgajeni u raskoši.

Ali danas je izuzetno, uprkos svojoj prirodi,
rasejan i utučen. Na samoj obali,
duboko ožalošćen, gleda kako se istovaruju
brodovi s plenom s Peloponeza.

Pljačkaju Grke: plen iz Korinta.

I danas, svakako, nije pravo,
nije mogućno da mladi Grk
iz Italije zaželi da se zabavlja.

U JEDNOM MALOAZIJSKOM GRADU

Vesti o ishodu pomorske bitke kod Akcija
bile su naravno neočekivane.
Ipak nema potrebe da sastavljamo nov natpis.
Samo da se ime promeni. Umesto onog
u poslednjem redu: „Oslobodivši Rimljane
od strašnog Oktavijana,
te svojevrsne parodije Cezara“,
sad ćemo staviti: „Oslobodivši Rimljane
od strašnog Antonija.“
Ceo se tekst odlično uklapa.

„Pobedniku tom najslavnijem,
nenadmašnom u svakom vojničkom poduhvatu,
veličanstvenom u političkim podvizima,
zbog koga je opština usrdno želela
trijumf Antonijev“
ovde, kako rekosmo, izmena: „Cezarov,
smatrajući to za najlepši dar Zevsov –
moćnom zaštitniku Grka,
koji milostivo ceni grčke navike,
koji je omiljen u svakoj grčkoj zemlji,
koji je veoma pogodan za uzvišenu hvalu
i za iscrpno nabrajanje njegovih dela
na grčkom jeziku u stihu i u prozi:
na grčkom jeziku koji je donosilac slave“,
i tako dalje, i tako dalje. Sve se sjajno uklapa.

PO TAVERNAMA –

Po tavernama i bordelima
Bejruta se vučem. Nisam hteo da ostanem
u Aleksandriji sam. Tamid me je napustio
i otišao s Eparhovim sinom da bi dobio.
vilu na Nilu i rezidenciju u gradu.
Nije nikako išlo da ja ostanem u Aleksandriji. –
Po tavernama i bordelima
Bejruta se vučem. U bednom razvratu
nedostojno provodim život. Jedino me spasava
kao trajna lepota, kao miris koji se zadržao
na mojoj puti, to što je pune dve godine
Tamid bio samo moj – taj divni mladić
samo moj, i to ne zbog kuće ili zbog vile na Nilu.

ANA DALASINA

U hrisovulji koju je izdao Aleksije Komnin
u slavu i počast svojoj majci,
premudroj gospođi Ani Dalasini –
odličnoj po delima i po ćudi –
ima svakovrsnih pohvala:
ovde navedimo od svih njih
jedan lep i plemenit izraz:
„Nikad nije rekla MOJE ili TVOJE, nikad tu ledenu
    reč."

OD DAVNINA GRČKI

Hvali se Antiohija   svojim sjajnim građevinama,
i svojim divnim ulicama;   svojom čudesnom
okolinom,   i ogromnim brojem
svojih stanovnika. Hvali se što je sedište
slavnih kraljeva;   hvali se i umetnicima
i mudracima,   i svojim silno bogatim
i viđenim trgovcima.   Ipak, neuporedivo i više
od svega, Antiohija   se hvali što je grad
od davnina grčki; u srodstvu s Argom:
po Joni koju su   osnovali Argivci
naseljenici u čast   Inahove kćeri.

U SPARTI

Nije znao kralj Kleomen, nije se usudio –
nije znao kako da takvu reč kaže
svojoj rođenoj majci: da je Ptolemaj zahtevao
kao potvrdu njihovog ugovora da i nju pošalju
u Egipat i tamo zadrže kao taoca;
stvar jako ponižavajuća, neprikladna.
I stalno je kretao da joj kaže; i stalno oklevao.
I stalno je počinjao da govori; i stalno prekidao.

Ali ga je odlična žena razumela
(već je ona načula da se o tome govorka),
i ohrabrila ga da se izjasni.
I nasmeja se: pa reče, naravno da će ići
i veoma se raduje što može da bude
pod starost još Sparti korisna.

A što se tiče poniženja – ma to joj je svejedno.
Spartanski ponos svakako nije bio u stanju
da oseti jedan Lagid, tek od juče;
otud i njegov zahtev nije mogao
zapravo da ponizi Gospođu
plemenitu kao što je ona: majku kralja spartanskog.

U VELIKOJ GRČKOJ NASEOBINI,
200. GODINE PRE HRISTA

Da situacija u naseobini nije kako treba
nema ni najmanje sumnje;
pa makar da se sasvim solidno krećemo napred,
možda je, kako smatraju ne malobrojni, kucnuo čas
da političar reformator nastupi.
To je, ipak, i nezgodno i teško
zato što od svega
prave veliko pitanje ti
reformatori. (Sreća bi bila kad nikad
nikom ne bi bili potrebni.) Za svaku sitnicu,
za najbeznačajniju mrvicu, ispituju i istražuju,
a odjednom zamisle radikalne promene
i zahtevaju da se bez odlaganja izvrše.

Imaju i parole za ove žrtve:
ODRECITE SE ONOGA POSEDA,
TO VAŠE VLASNIŠTVO JE OPASNO,
TAČNO TAKVA VLASNIŠTVA NANOSE ŠTETU
    NASEOBINAMA.
ODRECITE SE ONOGA PRIHODA
I ONOG DRUGOG ŠTO JE ZAVISAN OD NJEGA,
I ONOG TREĆEG – TO JE PRIRODNA POSLEDICA;
ONI SU VAŽNI, ALI ŠTA DA SE RADI?
OBAVEZUJU VAS UBITAČNOM
    ODGOVORNOŠĆU.

I što dalje napreduju sa svojom inspekcijom,
sve je izlišnije ono što otkrivaju, ali zahtevaju da se i sa
    tim prestane;
a za te stvari je ipak teško da ih ukloni bilo ko.

A kada, na sreću, okončaju svoju rabotu,
i kada je svaka sitnica određena i opisana,
povlače se, uzimajući i pravednu platu,
da bismo sagledali šta još ostaje, posle
tako uspešne operacije.

A možda čas još nije kucnuo.
Da ne žurimo: žurba je opasna.
Preuranjene mere donose kajanje.
Sigurno i na nesreću, mnogo je čega nepodesnog u
    naseobini.
Međutim, ima li ičega ljudskog što ne bi bilo
    nesavršeno?
A mi se, na kraju krajeva, ipak, evo, krećemo napred.

VLADAR IZ ZAPADNE LIBIJE

Uglavnom se svideo u Aleksandriji,
za tih deset dana svoga boravka,
Menelajev sin Arispomen,
vladar iz Zapadne Libije.
Kao ime, i odeća mu, uljudno, helenska.
Rado je prihvatao počasti,
ali ih nije tražio: bio je skroman.
Kupovao je helenske knjige,
mahom iz istorije i filosofije.
Iznad svega, bio je škrt na rečima.
Mora da je dubokih misli, govorilo se,
a prirodno je što takvi ne pričaju suviše.

Nije bio dubokih misli, niti čega drugog.
Sasvim običan, smešan čovek.
Uzeo je helensko ime, odevao se poput Helena,
a naučio je, manje-više, i da se ponaša kao Heleni.
U duši je strepeo da slučajno
ne pokvari povoljan utisak
ako govori helenski sa strašnim varvarizmima,
a Aleksandrinci bi ga otkrili,
već po svom običaju, nesrećnici.

Stoga se ograničio na malo reči,
pazeći sa strahom na padeže i na izgovor;
i nisu ga malo mučili ti razgovori
koji su se gomilali u njemu.

NA PUTU U SINOPU

Mitridat, slavan i moćan,
vladar velikih gradova,
gospodar silne vojske i flote,
na svom putu u Sinopu pođe seoskim drumom
kroz sasvim zabačen predeo
gde je živeo neki prorok.

Pošalje Mitridat svog oficira proroku
s pitanjem koliko će on još u budućnosti
steći bogatstva, kakvu sve moć?

Pošalje tog oficira, a sam
produži svoj put u Sinopu.

Prorok se zatvori u neku skrovitu sobu.
Posle nekih pola sata izađe
zabrinut i reče oficiru:
„Nisam bio u stanju sasvim jasno da vidim.
Danas nije povoljan dan.
Video sam neke nerazgovetne slike. Nisam dobro
    razumeo.
Ali mislim da bi kralj mogao biti zadovoljan onim što
    ima. –
Sve preko toga stvoriće mu neprilike.
Seti se, molim te, da mu ovo kažeš:
neka, zaboga, bude zadovoljan tim što ima.
Sudbina se menja neočekivano.

I reci kralju Mitridatu:
jako se retko nađe onaj divni drug
njegovog pretka, drug koji u pravi čas
kopljem ispiše po tlu dragocenu poruku *Spasavaj se
  Mitridate*.“

MIRI, ALEKSANDRIJA, 340. GODINE POSLE HRISTA

Kada sam saznao za nesreću – da je Miri umro,
pošao sam njegovoj kući, mada inače izbegavam
da zalazim hrišćanima u domove,
naročito u vreme žalosti ili praznika.

Stajao sam u hodniku. Nisam hteo
da uđem sasvim unutra, jer sam opazio
da je očigledno kako me rođaci pokojnika
posmatraju smeteno i nezadovoljno.

On se nalazio u velikoj prostoriji
od koje sam sa svoga mesta u uglu
video tek deo: sami skupoceni ćilimi
i predmeti od srebra i zlata.

Stajao sam i plakao u uglu toga hodnika
i mislio kako naši sastanci i izleti
bez Mirija više neće vredeti ništa;
i mislio kako ga na našim divnim, nedoličnim
noćnim terevenkama neću više viđati
da se raduje, da se smeje i da kazuje stihove
sa svojim savršenim osećanjem za grčki ritam;
i mislio kako sam zauvek izgubio
njegovu lepotu, kako sam zauvek izgubio
mladića koga sam obožavao tako ludo.

Pokraj mene, neke starice šaputale su
kako je proveo svoje poslednje trenutke

s Hristovim imenom stalno na usnama,
i stiskajući krst rukama. –
Posle toga su u sobu ušla
četiri hrišćanska sveštenika moleći se usrdno
i upućujući molitve Isusu Hristu
ili Mariji (ne znam baš dobro njihovu veru).

Mi smo, naravno, znali da je Miri bio hrišćanin.
Znali smo to od prvoga časa kada se
preklane priključio našoj družini.
Ali on je u potpunosti živeo kao i mi.
Od svih nas je predaniji bio uživanjima,
trošeći nemilice svoj novac na zabavu.
Ne brinući se za mišljenje sveta
nestrpljivo se upletao u ulične tuče
kad bi se desilo da naša družina
naiđe na protivničku grupu.
Nikada nije govorio o svojoj veri.
Čak smo mu jednom rekli
da ćemo ga povesti Serapionu.
I kao da mu se nije svidelo
to naše šegačenje – sada se sećam.
Da, i još dve zgode sada mi dolaze na pamet.
Kada smo Posejdonu prinosili žrtvu,
povukao se izvan našega kruga i skrenuo pogled na
    drugu stranu.
Kada je jedan od nas rekao
u oduševljenju: „Nek naša družba bude
pod blagonaklonom zaštitom velikog
divnog Apolona", Miri je promrmljao
(a da ga drugi nisu čuli): „izuzimajući mene".

Hrišćanski sveštenici su gromko
molili za mladićevu dušu. –
Gledao sam s koliko su brige,

s koliko napregnute pažnje
u pogledu svojih verskih obreda, pripremali
sve za pravu hrišćansku sahranu.

Odjednom me je obuzelo čudnovato osećanje
Činilo mi se neodređeno
da Miri iščezava iz moje blizine:
osećam da se on, hrišćanin, sjedinio
sa svojima, i da sam ja postao
stranac, pravi stranac; čak sam osetio
da me počinje nagrizati sumnja: nije li mene strast
    prevarila
i nisam li ja njemu *uvek* bio stranac ...

Povukao sam se iz njihove grozne kuće,
otišao sam brzo pre no što bude zgrabljena, pre no što
    bude promenjena
njihovim hrišćanstvom uspomena na Mirija.

NA ISTOM MESTU

Okolina kuće; kafane; susedstva
koja gledam i kojima prolazim, godinama.

Stvarao sam te u svom zadovoljstvu i u tuzi:
pomoću toliko događaja, toliko stvari.

I celo si se, za mene, pretvorilo u osećanje.

HAJDE, KRALJU LAKEDEMONSKI

Nije pristajala Krateksileja
da je svet vidi kako plače i jadikuje;
dostojanstveno je koračala i ćutala.
Ništa od njenog jeda i njene muke
nije odavao njen neuznemiren izgled.
Ipak, za trenutak, nije izdržala:
i pre no što je na zlosrećni brod stupila da ide u
    Aleksandriju,
povede svog sina u hram Posejdonov,
i kad su se našli sami, zagrli ga
ljubeći ga, njega „strašno uzbuđenog", kaže
Plutarh, „i u velikom bolu".
Ipak je njen moćni karakter nadvladao;
došavši sebi, ta čudesna žena
reče Kleomenu „Hajde, kralju
lakedemonski, da, kad napolju
budemo, niko ne vidi kako plačemo
niti kako išta nedostojno Sparte
radimo. Jer to jedino od nas zavisi;
naše će se sudbe, kako bog odredi, zbiti."

I u brod uđe, idući ka tom „odredi".

88

TREBALO JE DA SE POBRINU

Skoro da postanem skitnica i protuva.
Ovaj kobni grad, Antiohija,
progutala mi je sav novac:
ovaj kobni grad i njegov rasipni život.

Ali ja sam mlad i odličnog zdravlja.
Izvanredno vladam grčkim
(Aristotela i Platona znam od početka do kraja:
kojeg god hoćeš retora, pesnika, što god pomeneš).
Pomalo se razumem i u vojne stvari,
a u prijateljstvu sam sa starešinama plaćenika.
Upoznat sam dovoljno i sa pitanjima uprave.
U Aleksandriji sam proveo šest meseci, lane;
nešto znam (i to je korisno) o tamošnjim prilikama:
Kakergetove poglede, lopovluke, i ostalo.

Stoga smatram da sam u potpunosti osposobljen da
služim svojoj zemlji,
mojoj voljenoj otadžbini Siriji.

Kakav god posao da mi odrede, trudiću se
da svojoj zemlji budem koristan. To mi je namera.
Ako me i opet ometu svojim mahinacijama –
znamo mi njih, mudrace: čemu sad to pominjati? –
ako me ometu, što bih ja bio kriv?

Najpre ću se obratiti Zabinu,
a ako me ta budala ne bude cenila,

poći ću njegovom rivalu Gripu,
a ako me ni taj maloumnik ne angažuje,
idem pravo Hirkanu.

Jedan od ove trojice svakako će me hteti.

A meni je savest mirna
što mi je svejedno kojeg da izaberem.
Jer su sva trojica u istoj meri zlo za Siriju.

Ali, propao čovek, šta sam ja kriv?
Probam, jadnik, samo da sastavim kraj s krajem.
Trebalo je moćni bogovi da se pobrinu
i da stvore četvrtog – časnoga.
Sa zadovoljstvom bih prešao njemu.

200. GODINE PRE HRISTA

„Aleksandar, Filipov sin i Heleni sem Spartanaca –"

Sasvim lepo možemo da zamislimo
kako je svima u Sparti bilo svejedno
što je ovako glasio natpis. „Sem Spartanaca",
naravno. Nisu Spartanci od onih
koje vodaju i naređuju im
kao skupoj posluzi. I inače,
jedan svehelenski vojni pohod
kome nije na čelu spartanski kralj
ne izgleda im ni važan ni ozbiljan.
Zaista je u redu ono „sem Spartanaca".

I to je jedan stav. Razumljivo.

Tako, *sem Spartanaca* na Graniku,
i kod Ise posle, i u poslednjoj
bitki kad je potučena strahovita vojska
koju su kod Arbele skupili Persijanci,
koja je od Arbele pošla da pobedi, a bila je potučena.
Od ovog čudesnog svehelenskog pohoda,
pobedonosnog, sjajnog u svemu,
svuda slavljenog i veličanog
kao što nije veličan nijedan pre njega,
neuporedivog, potekli smo mi:
novi veliki helenski svet.

Mi: Aleksandrinci, Antiohijci,
Seleukijci, i oni mnogobrojni
ostali Heleni u Egiptu i Siriji,
zatim oni u Mediji, i Persiji, i toliki drugi.
S našim teritorijalnim prostranstvima
i razumnim nastojanjem prilagođavanja i spajanja.
A naš zajednički helenski govor
proširili smo sve do Baktrije, do Indijaca.

I sad još da govorimo o Spartancima!

U PREDGRAĐIMA ANTIOHIJE

Bili smo preneraženi u Antiohiji kad smo saznali
za najnovije Julijanove postupke.

. Apolon je to jasno izrekao, u Dafni!
Proročanstvo nije htelo da dâ (i to nas briga!),
nije nameravalo da prozbori proročanski, sve dok se
njegovo svetilište u Dafni ne očisti.
Smetaju mu, obznanio je, pokojnici u okolini svetilišta.

U Dafni je bilo mnogo grobova. –
Jedan od tih što su tu bili sahranjeni
bio je čudesni, slava naše crkve,
sveti, pobednički mučenik Vavila.

Njega je imao u vidu, njega se bojao lažni bog.
Dokle god ga je osećao u blizini, nije se usudio
da daje svoja proročanstva; ni da zucne.
(Pred njima, našim mučenicima drhte i lažni bogovi.

Bezbožni Julijan se prihvati posla,
izgubivši strpljenje, dreknu: „Dižite ga, prenesite,
uklonite toga Vavilu odmah.
Čuješ li to? Apolonu smeta.
Dižite ga, zgrabite ga smesta.
Iskopajte ga, nosite ga kud kod hoćete.
Uklonite ga, izbacite ga. Mislite da se šalimo sada?
Apolon je naredio da se svetilište očisti."

Uzeli smo ih, odneli te svete ostatke drugde.
Uzeli smo ih, odneli s ljubavlju i poštovali.
I to je zaista divno unapredilo svetilište.
Nije uopšte trebalo dugo, a požar
ogroman izbi: užasan požar:
i izgore i svetilište i Apolon.

Idol pepeo; da se očisti, zajedno sa smećem.

Julijan se razbesneo i razglasio –
šta bi mogao drugo – da je požar bio podmetnut
od nas hrišćana. Neka priča.
To nije bilo dokazano: neka priča
Glavno je to što se on razbesneo.

PISMO PRIJATELJU – ČITAOCU / PESNIKU

Dajem Ti sedamdeset pesama u strogom izboru: polovinu Kavafijevog kanona, otprilike, ili trećinu svih njegovih pesama, ako računamo i one koje sâm nikad nije objavio ili ih se odrekao.

Povod za to je njegova dvostruka godišnjica: 140 godina od rođenja i, 70 godina od njegove smrti, jer je umro tačno na svoj sedamdeseti rođendan. Uz to, ova godina je proglašena godinom Kavafija – ETOS KAVAFI – u Grčkoj i u celom svetu, i ovo je način da se odužim ovom jedinstvenom pesniku.

Verovatno već znaš mnogo o Kavafiju. Beogradski „Rad“ je 1977. godine u biblioteci „Reč i misao“ objavio na srpskom jeziku Kavafijeve *Pesme* u izboru, prevodu sa grčkog, s odličnim komentarima i uz inspirativni esej *Kavafi – pesnik drugog ugla* Ksenije Maricki Gađanski. U 10.000 primeraka, vrlo brzo rasprodatih. Mora da si i Ti kupio jedan, ili si ga bar našao u nekoj biblioteci. Da Te podsetim: to je nezabeležena visina tiraža i brzina prodaje za jednog pesnika, svejedno o kom se jeziku radi, uključujući i grčki. Da Te podsetim: otada se kod nas poezija drukčije piše i, ja mislim, poezija se drukčije čita:

... sada govore njegove stihove.
Pred očima su im njegove vizije.[1]

Kavafijeva poezija je ironična, ali nije to samo leksička ironija – što je igra, a nama ipak nije dovoljna samo

---

[1] Kavafi, *Vrlo retko*, str. 33.

igra – nije to ni samo dramatska ironija – jer ta postaje tragička, a u našoj današnjoj optici patetična – nego je Kavafijeva poezija čvrsti spoj dramatsko-tragičke i leksičke ironije što nama, čitaocima Kavafija, omogućava da preživimo. U naše vreme postmodernizma i post-postmodernizma, gde je sve ironijsko, neodređeno i neobavezno ironijsko, virtualno, ovakav gusti spoj jezičke i istorijske ironije, od čega su Kavafijeve pesme, govori nam i ko smo, i odakle smo, i zašto smo, i kuda idemo:

> Ljudi znaju šta se sada događa,
> budućnost znaju bogovi
>
> ‒ ‒ ‒ ‒ ‒ ‒ ‒ ‒ ‒ ‒ ‒ ‒ ‒ ‒ ‒ ‒ ‒ ‒ ‒
>
> Tajni zvuk
> događaja što nailaze dopire ...
> ... slušaju ga s obožavanjem, dok napolju
> na ulici narod ništa ne čuje.[2]

Kavafijeva poezija je didaktična, kao svaka odlična poezija. Koga on podučava, Grka, ceo svet, pomalo sebe, bar dok ne postane siguran? Dalje samo: Grka, sebe kao Grka, i nas. Tebe čitaoče, ili Tebe pesniče.

Jedan moj prijatelj,[3] oduševljen Kavafijevim asketizmom, kaže da ko nikada nije čitao/pisao poeziju, čitaće je/pisaće je posle Kavafija. Moj prijatelj tako izražava svoju snažnu emociju, što se, inače, sve ređe čini.

Drugi moj prijatelj[4] navodi ocenu velikog grčkog pesnika Jorga Seferija da Kavafijeve pesme „izazivaju emocije kroz vakuum". Taj moj prijatelj kaže „da se Kavafijeva poezija odvaja od tradicije i prevazilazi svaki prepoznatljiv stil. Prevazilaženje prepoznatljivog stila kod Kavafija stvara još jednu specifičnost njegove poezije: osećaj da

---

[2] Kavafi, *A mudraci ono što će se upravo dogoditi*, str. 7, ali vidi i pesmu *Dosada*, str. 11.
[3] Jovica Aćin.
[4] Naso Vajena.

se, iako je stara poezija, pisana početkom prošlog veka, či-
ta kao poezija koja se piše danas".

Kavafi je sasvim poseban pesnik.

Ivan Gađanski

SADRŽAJ

Konstantin Kavafi 70 PESAMA • Izdavačko preduzeće RAD Beograd,
Dečanska 12 • Glavni urednik NOVICA TADIĆ • Lektor i korektor NA-
DA GAJIĆ • Za izdavača SIMON SIMONOVIĆ • Štampa Elvod-print,
Lazarevac • Primeraka 500

CIP – Каталогизација у публикацији
Народна библиотека Србије, Београд

821.14'06-1

КАВАФИ, Константин

[Sedamdeset pesama]
70 pesama / Kavafi ; izbor i pogovor Ivan Gađanski ; sa grčkog
preveli Ivan Gađanski i Ksenija Maricki Gađanski. – Beograd : Rad,
2006 (Lazarevac : Elvod-print). – 100 str. ; 20 cm. (Biblioteka Reč i
misao ; knj. 537)

Tiraž 500. – Pismo prijatelju – čitaocu/pesniku: str. 95–97. – Napomene
i bibliografske reference uz tekst.

ISBN 86-09-00907-6

COBISS.SR-ID 127743500

Moasir Sklijar
SKALP

REČ I MISAO
KNJIGA 452

Sa portugalskog prevela
NINA MARINOVIĆ

F O N D
Madlena
Janković

pomogao je objavljivanje ovog kola biblioteke
„Reč i misao", od kojeg hiljadu dvesta primeraka knjiga
poklanja bibliotekama Srbije